AF404532

L'ATELIER MONÉTAIRE

DE

LA COMTESSE MAHAUT D'ARTOIS

EN 1306

PAR

A. GUESNON

(Extrait du *Bulletin archéologique*. — 1895)

PARIS

IMPRIMERIE NATIONALE

M DCCC XCVI

L'ATELIER MONÉTAIRE

DE

LA COMTESSE MAHAUT D'ARTOIS

EN 1306

PAR

A. GUESNON

(Extrait du *Bulletin archéologique*. — 1895)

PARIS

IMPRIMERIE NATIONALE

M DCCC XCVI

L'ATELIER MONÉTAIRE

DE

LA COMTESSE MAHAUT D'ARTOIS,

EN 1306.

Il n'existe pas de documents écrits concernant les monnaies royales et comtales que l'on suppose avoir été frappées à Arras, depuis les *trientes* du milieu du VI° siècle, en passant par celles des rois Charles le Chauve, Eudes, Charles le Simple, Lothaire, et des comtes de Flandres Arnoul le Vieux, Robert le Frison, Robert de Jérusalem, Philippe d'Alsace, jusques et y compris certains deniers et oboles parisis attribués à Philippe-Auguste.

Les probabilités historiques sur lesquelles repose l'existence de cet atelier n'ont d'autre fondement que l'interprétation des monnaies elles-mêmes, et les inductions plus ou moins sûres que leur témoignage semble autoriser.

Les deniers des premiers comtes d'Artois Robert I° et Robert II furent-ils frappés à Arras? Le doute semble permis, lorsque, pendant l'absence du deuxième comte, on voit ses lieutenants en Artois affermer le signe monétaire à Bertrand de Creuze, bourgeois de Rocamadour, en l'autorisant à «ouvrer et faire ouvrer en quelque lieu ke il li plaira en la terre d'Artois, là u il quidera le mieux faire pour leur profit et pour le sien». (1286.)

Or on ne trouve pas le moindre indice qui permette d'affirmer que Bertrand de Creuze se soit établi à Arras et y ait travaillé.

La même incertitude s'étend aux monnaies de la comtesse Mahaut. L'attribution des deniers portant son nom et son enseigne ne laisse assurément place à aucune contestation. Les inventaires ont même relevé çà et là quelques mandats et quittances relatives à leur fabrication; mais, quelle que soit la vraisemblance en faveur d'Arras,

1.

on ne saurait, en l'absence d'un texte précis, se prononcer avec certitude sur le lieu d'origine.

Le compte d'installation et d'outillage qui fait l'objet de cette communication fixera ce dernier point de l'histoire monétaire d'Artois. Peut-être fournira-t-il, en outre, aux numismatistes quelques renseignements utiles sur la technique du monnayage au commencement du xiv° siècle.

On sait qu'il existait jadis aux Archives d'Artois deux cartulaires de la comtesse Mahaut, aujourd'hui perdus, à l'exception d'un fragment conservé à Cheltenham dans la bibliothèque de Sir Thomas Phillips.

Heureusement Denis-Joseph Godefroy les avait analysés, et, grâce à la libéralité de l'héritier de son nom, le manuscrit est devenu la propriété de la Société des Antiquaires de la Morinie.

Dans cet inventaire analytique se trouve, sous le numéro 405, une lettre de Mahaut du 1ᵉʳ février 1306, par laquelle la comtesse charge Pierre le Flamenc de faire sa monnaie d'Artois; c'était un bourgeois de Paris, qui, paraît-il, avait rendu des services à Robert II. Il était maître de la monnaie de Tournai en 1302.

D'après l'acte de concession, les deniers artésiens seront fabriqués à 11 deniers de loy d'argent, de 45 s. 6 d. au marc, chacun valant un bon petit parisis du temps de saint Louis.

Le garde des monnaies aura 1 denier par 10 livres.

Toute autre monnaie que celle du roi et de la comtesse sera prohibée en Artois, ainsi que l'affinage et l'exportation de l'argent et du billon.

« Pierre le Flamenc pourra établir autant de gardes qu'il lui plaira pour surveiller la fraude; ils auront le cinquième denier des confiscations, la comtesse prenant les deux tiers du reste contre un tiers laissé à son monnayeur.

Pierre et ses gens jouiront en Artois de tous les privilèges des monnayeurs du Roi.

Il fera la monnaie à ses dépens, la comtesse s'engageant seulement à lui fournir les maisons et outils nécessaires, qu'il devra rendre quand il cessera.

Cette convention entrait en vigueur le 15 février, pour finir le 24 juin, sauf prorogation. En dehors des indications monétaires qu'il nous donne, le document présente un intérêt historique en ce qu'il considère le rétablissement de la forte monnaie, alors réalisé par Philippe-le-Bel aux frais et dépens des Juifs, mais non sans soulever dans Paris une émeute formidable.

L'entrepreneur ne dut pas d'abord travailler à Arras, puisque l'installation ne commença qu'au terme suivant. Il eut alors pour associé, ou pour sous-traitant, Guillaume de Gourdon, qu'on voit présider à l'aménagement: Pierre le Flamenc n'y intervient pas, bien qu'à une date postérieure il soit encore qualifié « maistre de la monnoie Madame ».

Pour les travaux de construction, le compte de la charpenterie nous est seul parvenu; le rouleau du receveur concernant la maçonnerie, la couverture et la serrurerie a malheureusement disparu.

En revanche nous avons le compte détaillé des frais d'outillage.

En voici un résumé :

« Les tables et les paieles de fer à geter » furent commandées à Valenciennes; un potier d'étain d'Arras livra le métal nécessaire à en faire l'essai.

C'est à Namur qu'on demanda un maître pour faire les creusets à fondre l'argent; Paris fournit les « compteurs ».

Dix sept cents livres de terre amenée de Dinant servirent à la confection des creusets et du fourneau d'affinage, dont la sole fut saturée de sel. On fit venir également de la terre réfractaire de Solesmes en Hainaut.

La « paiele » et la mail à battre les creusets furent fabriquées sur place.

Le combustible mentionné consiste en braise, charbon et bois de chêne.

Les balances venaient de Paris : une grande pour les ouvriers, une pour les monnayeurs, une troisième à bras de cuivre, deux autres pour livrer la monnaie, douze petites pour la tailler, une trainelle, un biquet (trébuchet), des plombs à peser, une pile de 8 marcs, etc.

Le mobilier de la « forge » comprenait des comptoirs et établis, que recouvraient 5o aunes de toile, vingt chaises, des coffres, huches, boîtes, écrins à plusieurs serrures pour les gardes de la monnaie.

A signaler également, dans cet inventaire qui a ses élégances, un item de « 4o ». pour six paires de grandes tables pour écrire.

et un autre de 38 s. «pour des papiers achetés en Flandre pour
le maistre de la monnoie».

Guillaume de Gourdon avait préposé au change et à la balance
un certain Jean Bernier, dont le nom se retrouve ailleurs dans
l'histoire monétaire.

Jean Bernier, en août 1282, s'était engagé à faire la monnaie
du comte de Bourgogne Othon IV, celui-là même qui, par son ma-
riage avec Mahaut, devint comte d'Artois. — Il n'est pas certain
qu'on ait affaire au même personnage; le Jean Bernier dont il
s'agit ici pourrait être le père du changeur.

I

LA COMTESSE MAHAUT NOMME PIERRE LE FLAMENC
MAÎTRE DE SA MONNAIE D'ARTOIS,
1er FÉVRIER 1306.

1306, à Paris la veille de la Chandeleur, 1er février.

La comtesse Mahaut nomme Pierre le Flamenc, bourgeois de Paris,
pour faire sa monnoie d'Artois, jusques à la Nativité de saint Jean-Baptiste,
de la manière suivante :

Cet article parle de la fabrication des deniers d'Artois à 11 deniers de
loy d'argent et de 45 sols 6 deniers au marc, et du profit que le garde
des monnoies aura, savoir 1 denier sur 10 livres qui seront monnoiées.
Cette monnoie aura cours dans tout le comté d'Artois, et un denier d'Artois
vaudra un bon petit parisis du temps de saint Louis.

La comtesse promet de faire publier dans tout le comté d'Artois qu'aucune autre monnoie que celle du Roy et la sienne n'aura cours dans cette
province.

Personne, sous peine de corps, ne pourra porter hors de son comté
d'Artois ni argent, ni billon, si ce n'est seulement dans sa monnoie.

Personne ne pourra, sous la même peine, affiner d'argent ou billon, si
ce n'est du consentement dudit Pierre.

Pierre le Flamenc pourra mettre et établir dans tout ce comté autant de
gardes que bon lui semblera pour arrêter toutes fausses monnoies et faux
monnoieurs; ils auront le quint denier de tous les forfaits d'or, d'argent et
de billon qu'ils prendront, et la comtesse aura les deux tiers et Pierre le
tiers de ce qui restera. La comtesse s'oblige à ne pas ôter des mains dudit
Pierre ses monnoies pendant ce terme, et promet de le garantir et tous ses
gens contre tous.

Ledit Pierre et ses gens jouiront dans tout le comté d'Artois des mêmes privilèges qu'ont les monnoiers du Roi dans ses monnoies, et auront un sauf-conduit.

Pierre fera la monnoie à ses dépens, sauf que la comtesse sera tenue de lui donner des maisons et outils nécessaires, qu'il sera tenu de rendre quand il finira.

La comtesse donne audit Pierre, en reconnaissance des services qu'il a rendus à son père et à son mari, le pouvoir de faire de la monnoie en Artois, à commencer quinze jours après la Nativité de saint Jean-Baptiste, et veut qu'il en jouisse après ce terme, s'il en veut donner encore un autre [1].

II

TRAVAUX D'INSTALLATION ET FRAIS D'OUTILLAGE DE L'ATELIER MONÉTAIRE ÉTABLI À ARRAS PAR LA COMTESSE MAHAUT EN 1306.

C'est li contes Ernoul Caffet, bailliu d'Arras, tenant le liu du receveur d'Artois, du terme de le Toussains l'an mil ccc et sis, fais à Madame d'Artois des revenues de la conté d'Artois de toutes les receptes, les mises et les paiemens que il a fait puis le terme de l'Ascension daerrain passé.

Ce sont denier paié par le main du receveur pour le fait de le monnoie que Madame d'Artois doit faire à Arras, et premièrement :

A Guillaume de Gourdon, maistre de ladite monnoie, pour envoier par III fois à Valencienes pour mander les paieles de fer à geter,..... XXVIII'

Pour I vallet envoié à Madame à Hesdin par ledit Guillaume,..... VI'

Pour I vallez qui porta deniers à Valencienes à celui qui fait les tavles pour geter,... VI'

Pour I autre vallet renvoié à Valencienes par celui Guillaume,..... VI'

Pour despens d'un vallet envoié à Namur querre le maistre qui fait les croiseus à fondre argent, et pour les despens du maistre au retourner,... XXV'

Pour les despens et les journées du maistre qui fist le fournel à fondre argent,.. XXX'

Pour les contoirs clauer et pour les toiles dont il sont couvert,.. II' VI⁴

Pour le maistre qui fait pos d'estain et pour le frainture de son estain quant on fist l'assay des tables qui sont faites pour contoirs........ V'

<hr>

[1] *Deuxième Cartulaire d'Artois*, analysé par Denis-Joseph Godefroy, pièce 405. Ms. de la Société des Antiquaires de la Morinie.

Pour despens le maistre de le monnoie, quant il ala à Paris pour querre contours et acater balances grans et petites et autres coses qui li faloient, pour xii jours, ... xˡ xˢ

Pour unes grans balances à ouvriers, unes autres à monnoiers et unes autres a bras de ceuvre à peser que li maistres acata à Paris à cele voie, xˢ

Pour ii autres balances à délivrer le monnoie, xii petites balances à tailler le monnoie, et une pille de viii mars pour peser, ... xixˡ xiiiˢ

Pour iiii paieles de fer pour ouvriers, ... cvˢ

Pour les tables à geter faites à Valencienes, ... xviˡ

Pour deux serures mises à huges de le garde, une boiste à ii clés, pour corde à loiier sas, ... iiiiˡ viiiˢ

Pour sel que on mist en le sole du fournil, ... xiiˢ

Pour une paiele de ceuvre à blankir, ... iiiiˡᵇ xˢ

Pour ix plons faire à peser as ouvriers, ... xˢ

Pour xviiˢ de terre qui vint de Dinant, sans le portage, ... ixˡ

Pour cele terre amener de Dinant à Arras, ... cviiiˢ

A Jehan Bernier, que li maistres a retenu pour estre au cange et à le balance, presté . . . . viiiˡ

Pour un autre vallet, qui sera avec le maistre pour faire les assais, presté . . . . viiiˡ

Pour le maistre de le monnoie, pour plusieurs coses nécessaires à le monnoie :

Pour xxv sas de carbon, viˢ le sac, valent . . . . viiˡ xˢ

Pour xxxix sas de carbon, de viˢ viiᵈ le sac, valent . . . . . . xiiˡ xviˢ viiiᵈ

Pour ce carbon deschergier . . . . iiiˢ

Pour vᶜ xliii lb. de plonc, le cent xlviiiˢ, valent . . . . xiiiˡ viiiᵈ

Pour ii huges pour le monnoie . . . . xliiiˢ

Pour une trainelle, ... xˢ

Pour une couche, ... xiiiˢ

Pour ces huces et le couche mener à le monnoie des lius u on les prist, ... iiˢ viˢ

Pour xl aunes de canevach pour couvrir les establies où on contera le monnoie, iiˢ l'aune, ... ivˡ

Pour vi paire de grandes tavles pour escrire, ... xlˢ

Pour l caisnès à faire gloes, iiiˢ le pièce, ... viiˡ xˢ

Pour ii sas de brèse, ... xvˢ

Pour xx caières, xiiiᵈ le pièce, valent . . . . xxiiiˢ ivᵈ

Pour v aubes et iii peles et un paclic, ... xiiiˢ

Pour i tronc à faire les croiseus, et pour mener à le monnoie, viiiˢ viiᵈ

Pour clou à claver les contoirs, ... xˢ viiᵈ

Pour iiii grans careus prins au euvelier de Haiserue, xviˢ le pièce, lxiiiiˢ

Pour ii careus moiens prins au dit euvelier, ... xxiiiiˢ

Pour ii petis carons, ... xv s

Pour ii seilles et ii seaus, ... xvi d

Pour ces coses mener à l'ostel de le monnoie des lius u eles furent acatées, ... xviii d

Pour le maistre de le monnoie aler en Flandres, pour son valet à ii chevaus, et pour Henri Nazart à i keval, pour tous despens et i keval liuieh, par viii jours, u mois d'octembre, ... xvi l iii s

Pour papiers acatés en celi voie pour le dit maistre, ... xxxviii s

Pour les despens ledit maistre Guillaume de ses chevaus et de se maisnie, depuis qu'il vint demourer à Arras, fais à le maison Colart de Henin, dusques à viii jours devant le Toussains que il s'en ala en son pais, lx l xi s vi d

Item baillié au dit maistre Guillaume pour son despens quant il alla en son pais, ... x l

Somme. . . . . ii c lvi l xvi s ii d

III

Oevres faites à le maison où on doit faire le monnoie à Arras, de carpenterie :

Et premièrement le semaine de le Saint Cristofle :

Pour vi carpentiers, c'est à savoir maistre Gillon d'Anoelin, Adam de Tilloy, Robert Marcais, Gérart de Boves, Jehan de Fevrin et Jehan de Goy qui ouvrèrent à le maison desus dite par iiii jours et demi, cascun v s par jour, ... vi l xv s

Pour Jehan Fremaut, Wibert le Leu, manouvriers, qui aidièrent ces carpentiers par autant de jours, cascun xx d par jour, ... xv s

Pour aporter mairien de le maison Jakemon le Ghilebert à le maison de le monnoie, ... xiiii s

La semaine de la Saint Pierre entrant aoust :

Pour Guillaume le Boulengier, carpentier, et les autres vi carpentiers desus nommés qui ouvrèrent audit ouvrage par iiii jours et demi, cascun v s par jour, ... vii lb xvii s

Pour les deus manouvriers desus dis, par autant de jours, cascun xx d par jour, ... xv s

La semaine de le Saint Lourench :

Pour les vii carpentiers desus dis, pour iiii jours et demi, v cascun par jour, ... vii lb xviii s vi d

Pour i manouvrier par iiii jours et demi, xx d le jour, ... vii s vi d

Le semaine de la mi aoust :

Pour ii carpentiers, iiii jours et demi, v^s cascun par jour.,...... lv^s
Pour Guillaume le Boulengier, iiii jours et demi, iiii^s vi^d par jour, va-
lent... xx^s iii^d
Pour i manouvrier, iiii jours et demi, xx^d par jour,........ vii^s vi^d

La semaine de le Saint Bertremiu :

Pour maistre Gillon et Adam de Tilloy carpentier, pour iiii jours,
v^s cascun par jour,...................................... xl^s
Pour Guillaume le Boulengier, pour iiii jours, iiii^s vi^d par jour,.. xviii^s
Pour Simon le Roy, carpentier, pour iii jours, v^s par jour,...... xv^s
Pour i manouvrier iiii jours, xx^d le jour,................ vi^s viii^d

La semaine de la Saint Jehan Décolace :

Pour le dit maistre Gillon iiii jours et demi, v^s le jour,....... xxii^s vi^d
Pour Adam de Tilloy, carpentier, v jours et demi, iiii^s vi^d le jour, xxiiii^s ix^d
Pour Guillaume le Boulengier, pour v jours et demi, iiii^s le jour,.. xxii^s
Pour i manouvrier pour tant de jours, xx^d le jour,........... ix^s ii^d

La semaine de le Nostre Dame :

Pour maistre Gillon, iii jours, v^s par jour,.................... xv^s
Pour Adam de Tilloy, iiii jours et demi, iiii^s vi^d le jour,...... xx^s iii^d
Pour Guillaume le Boulengier, iiii jours et demi, iiii^s le jour, ... xviii^s
Pour i manouvrier, par tant de jours, xx^d le jour,........... vii^s vi^d
Pour porteurs qui aportèrent mairien par plusiers fois,. .... x^s

La semaine de la Sainte Crois :

Pour maistre Gillon, iiii jours et demi, v^s par jour,........ xxii^s vi^d
Pour iiii autres carpentiers, c'est à savoir : Adam de Tilloy, Jakemon
d'Achen, Jehan de Goy et Guillaume le Boulengier, pour iiii jours et demi
cascun, iiii^s vi^d par jour,............................... iiii^{lb} i

La semaine de le Saint Mahieu :

Pour maistre Gillon carpentier desus dit, iiii jours et demi, v^s par
jour,... xxii^s vi^d
Pour v carpentiers, c'est à savoir Adam de Tilloy, Jehan de Courceles,
Jakes d'Acheu, Jehan de Goy et Guillaume le Boulengier, pour iiii jours
et demi, cascun iiii^s vi^d par jour,........................... ci^s iii^d
Pour i manouvrier par autant de jours, xx^d par jour,........ vii^s vi^d
Pour porter plusieurs mairiens,...................... iiii^s vi^d

La semaine de la Saint Michiel :

Pour les v carpentiers desus dit, pour iiii jours cascun, iiij^s vj^d par jour, ... iiij^l x^s

Pour maistre Gillon desus dit, pour iiii jours, v^s le jour, ... xx^s

Pour i manouvrier, par tant de jours, xx^d le jour, ... vj^s viij^d

Pour porter mairien .... xlvij^d

Le semaine après le Saint Remi :

Pour ledit maistre Gillon, pour v jours et demi, v^s par jour, xxvij^s vj^d

Pour les v carpentiers desus dis, par tant de jours, cascun iiij^s vj^d le jour, ... vj^l iij^s ix^d

Pour i manouvrier, par autant de jours, xx^d le jour, ... xj^s ij^d

Pour porter mairien .... vij^s iij^d

Le semaine après Saint Denis :

Pour maistre Gillon, par v jours et demi, v^s par jour, ... xxvij^s vj^d

Pour ij carpentiers, c'est à savoir Adam de Tilloy et Guillaume le Boulengier, par tant de jours, iiij^s vj^d cascun par jour, ... xlix^s vj^d

Pour i manouvrier, par autant de jours, xx^d le jour, ... ix^s ij^d

La semaine de le Saint Luc :

Pour maistre Gillon iiii jours et demi, v^s le jour, ... xxij^s vj^d

Pour iij carpentiers, c'est à savoir Thumas de Goy, Adan de Tilloy et Guillaume le Boulengier, par iiii jours et demi, cascun iiij^s vj^d le jour, ... lx^s ix^d

Pour i manouvrier, par autant de jours, xx^d le jour, ... vij^s vj^d

Pour porter mairien .... v^s iij^d

La semaine de la Saint Simon et Saint Jude :

Pour ledit maistre Gillon, par ij jours, v^d le jour, ... x^s

Pour ij carpentiers Adan de Tilloy et Guillaume le Boulengier, pour iij jours, iiij^s et vj^d le jour, ... xxvij^s

Pour iij carpentiers, Thumas de Goy, Jehan de Fevrin et Jehan de Courceles, pour i jour cascun, iiij^s vj^d par jour, ... xiij^s vj^d

Pour porter mairien, ... vij^s iij^d

Pour soiier ais à faire i huis à ces ouvrages, et pour faire l'uis, vj^s iiij^d

Somme, ... lxxxix^l iiij^s iij^d

IV

Mairien mis à le maison et ès ouvrages de le monnoie pris à Jak. Gilebert :

Pour xiiii pièces de bos de xxviii piés de lonc pour faire pannes ventrières et une soele sur le mur, x° le pièce,..................... vii'

Pour ii kievrons de xxx piés pour faire une soele par terre, xxvi° le kievron,... lii'

Pour xxvi pièces de bos pour faire baus et postiaus, vii° le pièce, ix' ii'

Pour xxi pièces de xxiiii piés à faire le comble, vi° le pièce, valent vi' vi'

Pour lxxvii pièces de bos dont on fist roilles, ii° le pièce,.... vii' xiii'

Pour vi° lates de kesne de xii piés pour later, xii° le cent, valent lxxii'

Pour xi cens de late de viii piés, vii° le cent, valent......... lxxvii'

Pour xii° de grosses lates de fresne eslites pour couvrir sus l'apentich et en la sale et ailleurs u mestiers estoit, ix° le cent, valent.......... cviii'

Pour ii° de late de tilloel,............................... x'

Pour xxxv pièces de fresne et de cherisier, iiii° le pièce, valent.... vii'

Pour xxix pièces de bos de iii° le pièce, valent............. iiii' vii'

Pour ii quartiers de caisne pour mettre à la wimberghe de l'apentich,... v'

Pour xxv pièces de bos de xxviii⁴ le pièce, valent.......... lviii' iiii⁴

Pour i bracon de viii piés,.............................. iiii'

Pour ii grosses pièces de sauch........................... xii'

Pour ii limons de degrés,................................ xviii'

Pour bos à faire les pas,................................. xvi'

Pour une pièce au puiet,................................. iii'

Pour une sauch,.. xii'

Pour i gros cherisier,................................... xii'

Pour i quartier de caisne à pendre lo balance,............... iii'

Pour i postel de x piés, iiii° pour ii poistiaus,............... xiiii'

Pour i autre postel de xii piés et pour i crupon d'ais,.......... iii'

Pour une planque de xii piés de lonc et de ii paus d'espés vii', dont li plus grans partie est à l'uis de le cambre u on poise le monnoie.

Pour i gros caisne de xx piés,............................ xi'

Pour ii grosses pièces de sauch pour faire les grans cepiaus et le grande estavlie,... xx'

Pour xx ais de caisne de xii piés de lonc et de xii paus de lé pour faire ii lons sièges, v° l'ais, valent............................. c'

Pour viii plankes de caisne de viii piés pour faire iii autres estavlies, iiii° le pièce, valent.................................... xxxii'

Pour vi plankes de caisne de vii piés de xl⁴ le pièce, valent...... xx'

Pour xii lates de caisne, ... iiii^s

Pour i wit tonnel à faire trelles, ... ii^s

Pour i ais de kaisne à reslasier i huis, ... ii^s vi^d

Pour une crouste de caisne de vii piés à faire i banket desour le grande estavlie, ... v^s

Pour i ais de x piés de danemarche cauponnée à faire raboe, ... v^s

Pour viii plankes de caisne de xiii pans de lé pour faire viii petits sièges, iii^s vi^d le pièce, valent .... xxxvi^s

Pour ii croustes à faire ii careus à l'uis du cellier, ... ii^s vi^d

Pour une ais xii^d, à faire marilles as machons.

Pour iiii quartiers de xii piés pour border les estavlies, xviii^d le pièce, valent .... vi^s

Pour iiii quartiers de xii piés pour border les estavlies, xviii^d le pièce, valent .... vi^s

Pour vi baukés de fau dont on fist ii fenestres .... iii^s

Pour faire la trelle sur le rue devant les monniers :

Pour une pièce de caisne de xviii piés de lonc mis à celi trelle, xxxii^s

Pour x kievrons de xvi piés mis à celi trelle, v^s le kievron, valent... L^s

Pour i planke de x piés de kaisne à faire i siège, ... vi^s

Pour ii karneus de caisne, ... v^s

Pour une grande mait à pestrir le terre dont on fait les croiseus,... xv^s

Pour une planke de caisne de viii piés à faire i siège, ... iiii^s

Somme de tout le mairien dessus dit............ iiii^xx iiii^l xii^s iiii^d

V

Pour journées de machons qui ouvrèrent à le dite maison u on batera le monnoie et pour estoffes mises à ces ouvrages, et pour journées de couvreurs de tuile qui ouvrèrent à le dite maison de le monnoie; pour estofes mises à ces œvres de couvrir de tuile; pour journées d'ouvriers de terre qui ouvrèrent à le dite maison; pour estoffes de plakeurs et pour estoffes de fer mises à le dite maison et à le forge de le dite monnoie, dont li recevères a conté par parties u rolle de son conte de sa recepte, viii^xx x^l xi^s vii^d

Somme de tout l'ouvrage et appareil fait pour la monnoie : v^c iii^xx xi^l x^s iii^s

VI

DU MÊME COMPTE.

A Hugolin de Bracon, vallet Madame, pour despens des chevaus qui amenèrent le monnoie de Bourgongne le vi^e et viie jour de septembre, mencaud et demi d'avaine.

VII

TRAVAUX EXÉCUTÉS À L'ATELIER DE LA MONNAIE, EN 1307.

C'est li contes Ernoul Caffet, receveur d'Artois, du terme de la Chandeleur en l'an et ou terme devant dis, fais à Madame d'Artois des revenues de la conté d'Artois de toutes les receptes, les mises et les paiemens que il a fais puis le terme de la Toussains daerrain passé.

Ce sont oevres faites pour le cause de le monnoie Madame, contées à la foible monnoie :

Pour une grande paiele la u on bat les croiseus,............... xl^s
Pour ii maillos ferer,................................... xx^s
Pour ii aniaus et pour les crampons as pois,.................. i^s
Pour ii selles ferer, xx^s pour le selle, valent.................. xl^s
Pour i cliquet à ii clés et pour i anel à le porte,............... iiii^s
Pour une clef au flaiel,................................ xvi^d
Pour une clef aux carbons et pour une serure raparellier,........ ii^s
Pour une clef à l'estable et pour le serure raparellier,........... ii^s
Pour une clef du ploustre de le quisine, et pour le verel refaire,.... iii^s
Pour une clef à le despense et pour le serure raparellier,......... ii^s
Pour ii clés de cliket à le cambre du maistre et pour une clenque,.. iii^s
Pour une clef à ploustre et le ploustre raparellier,............. iii^s
Pour une clef à l'uis du fournel et pour le serure raparellier,...... ii^s
Pour une clef à un ploustre et pour le verel refaire au boukil deseure le cambre du maistre................................... iii^s
Pour i anel et pour i banet à tenir l'uis,................... xii^d
Pour une paire de carnières à la fenestre des balances et pour i verel estofé,... iii^s vi^d
Pour iii pentures à une autre fenestre,..................... iii^s
Pour iii hanes à tenir i banc,.......................... vi^d
Pour les espées des balances ferer, et pour ii kevilles qui les portent,... v^s
. oar iiii veruelles au celier de le quisine,................ iiii^s
Pour viii clés refaire,................................ iii^s
Pour une clef à une serure d'une cambre,................. ii^s
Pour autres serures raparellier et rasseir,................. xii^d
Pour une corde mise au puch de la maison là u on fera le monnoie, x^s
Pour faire l'appel à pendre les balances à binqueter le monnoie par Estene Trigal, carpentier, ii jours et demi, iiii^s vi^d par jour, valent xi^s iii^d

Pour terre prise à Solesmes en Hénau, amenée sur ii caretes le vigile Saint Andrieu pour faire croiseus à la monnoie. . . . . V'

Somme de ces oevres pour le monnoie xviii'' xviii' vii' valent à le fort. . . . . vi' vi' ii'

VIII

COMPTE D'ERNOUL CAFFET, RECEVEUR D'ARTOIS, DU TERME DE L'ASCENSION 1307.

Ce sont denier presté à Pierre le Flamenc, maistre de le monnoie Madame :

. . . .

. . . .

. . . .

A Guillaume de Gourdon pour ses despens qu'il fist à Arras et ailleurs pour le cause de le monnoie Madame, du jour de Toussains qui fu l'an mccc et vi dusques au jour de miquaresme prochainement sivant après, pour iiii'' xiii jours, viii' par jour, xxxvii' iiii', feble monnaie, valent le fort. . . . . xii' viii'

Le xiiii' jour d'avril, pour pluseurs messages envoiiés à tous les baillius, prévos, sergans et à toutes les autres justices de le conté d'Artoys et des appartenauxes pour deffendre les monnoies que li roys a deffendues ou royaume, et que li artisien que ma dame fait faire à présent fuissent pris par tout, ... xvi'

IX

QUITTANCES.

Quittance de Guillaume de Gourdon, monnoyeur, pour ses dépens «fais à Arras et ailleurs pour les besoingnes de le monnoie madame» à 8 den. par jour de faible monnoie. — 26 mars 1307 [1].

(Archives du Pas-de-Calais. — J.-M. Richard, Inv. somm., t. I, p. 225.)

Quittance de Mahaut pour 93 l. 5 s. que Jacques le Muisne remit «en la main de nostre gent de la monnoie». — 19 déc. 1308.

(Ibid., t. I, p. 235.)

[1] Dehaisnes, Invent. des sceaux de l'Artois, n° 1917.

X

C'est li contes Ernoul Caffet, receveur d'Artois, du terme de l'Ascension l'an m.ccc et vii.

Ce sont menu despens conté a le fort monnoie :

Pour i escring acaté à iii serures pour les gardes de le monnoie, et ii autres escrins pour mettre les f [flaons ?] et les deniers,.... cvi' viii'

Pour claus prins à Jehan Aurri à clauer plusieurs coses en la maison de le monnoie,... iiii'

Pour Jehanet fil Estevenon qui porta deniers, etc.

Archives du Nord, *Chambre des Comptes.* A, 38o.

www.ingramcontent.com/pod-product-compliance
Ingram Content Group UK Ltd.
Pitfield, Milton Keynes, MK11 3LW, UK
UKHW020126100726
13658UKWH00005B/2386